法治文化
经典传承
丛　　书

孩子爱读的法律故事

从上古到明清

甘棠◎著
孙燕子◎绘

2 秦·汉

法律出版社 LAW PRESS · CHINA
北京

目录

壹

壹

约法三章

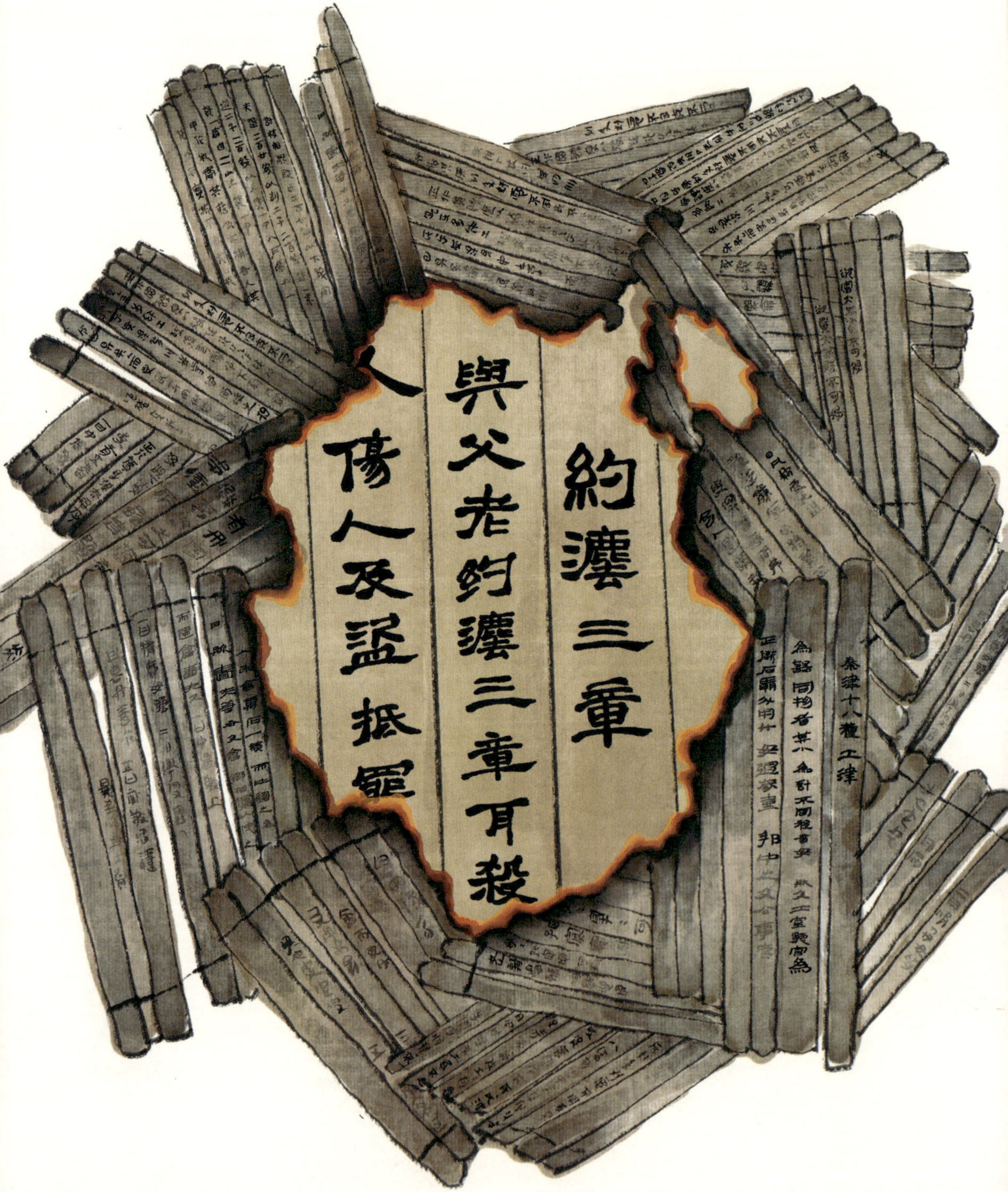
約灋三章
與父老約灋三章耳殺
人傷人及盜抵罪
秦律十八種 工律

趣读故事

秦始皇统一六国，建立了中国历史上第一个统一的中央集权制封建王朝，统一文字、货币、度量衡，创立了许多国家制度，社会取得了很大进步。但秦始皇的统治十分残暴，对农民征收沉重的赋税，农民辛苦耕作一年，三分之二的收获都要上交国家。他还征调大量农民来修筑长城，修建华丽的宫殿和陵墓。

法律方面，秦始皇在商鞅变法的基础上增加了许多严苛的律法，民众稍有不慎就会触犯法律，而且是一人犯法，亲族和邻居都要受到牵连，这种制度叫作“连坐”。当时的刑罚也极其残酷，有各种残害身体的肉刑，光是死刑的执行方式就有十多种。在这样的统治之下，老百姓苦不堪言、怨声载(zài)道。

秦始皇死后，情况更加恶化。他的儿子胡亥(hài)，也就是秦二世皇帝，是个愚蠢无能的人。他宠信奸臣赵高，杀了许多忠心的大臣，他们还闹出了指鹿为马的笑话。

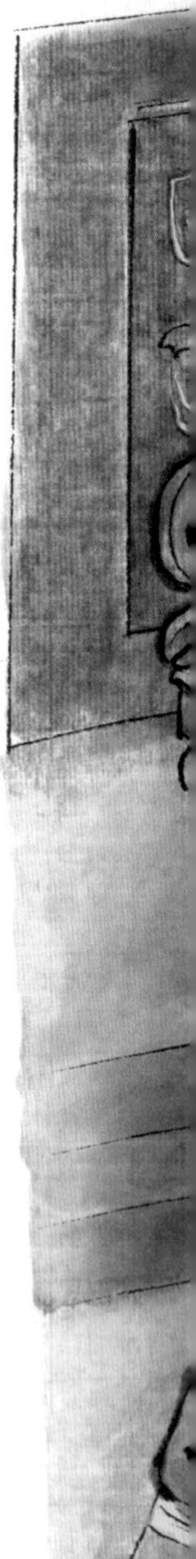

有一次，赵高牵了一头鹿到朝堂上，对胡亥说：“陛下，这是一匹千里马，臣将它敬献给您。”

胡亥左看右看，不解地对赵高说：“丞相弄错了吧，这不是一头鹿吗？”

赵高笑而不语，转头对大臣们问道："你们来说说，这到底是一头鹿还是一匹马？"

大臣们你看看我，我看看你，都不敢作声。赵高抬高声调，又问了一次。这时，一位大臣站出来，大声说道："这就是一头鹿，不是什么马。"站在他旁边的几位大臣纷纷点头附和。赵高冷冷地哼了一声："你们再想一想。"

马上又有几位大臣站出来，谄(chǎn)媚地说："丞相说得对，这的确是一匹马，而且是一匹罕见的神骏。""是啊是啊，真是一匹好马啊！""丞相将此马献给陛下，真是一片忠心。"

赵高这才露出笑容，而胡亥看着，默不作声。

过了不久，赵高便找了些借口，将那些说是鹿的大臣都杀掉了。原来他只是想判断一下，哪些人能够做到是非不分而只听他的话。

长年的暴政使老百姓生活在水深火热之中。终于有人揭竿而起，反抗暴政。

最先举起“反旗”的两位勇士是陈胜和吴广。他们胸怀大志，面对周围人的不理解和质疑，他们以坚定的口吻说出“燕雀安知鸿鹄之志哉”，意思是平庸的人怎么能知道英雄人物的远大志向呢？在起义军中，他们喊出了“王侯将相宁有种乎”的口号，意思是王侯将相，他们难道都是天生的吗？以此来激励备受压迫的人们。

因为准备不足，他们的起义很快被秦朝的军队镇压，但越来越多的被压迫者纷纷站了出来。在后来的起义军中，出现了两位杰出的英雄，一位名叫刘邦，另一位名叫项羽。两人各自拥有一支强大的军队，都得到了很多百姓的拥护支持。

他们达成了一项约定：

谁先攻入秦朝都城咸阳，

谁就可以成为关中王。

二人各自率领军队从不同的方向往咸阳进发。很快，刘邦抢先到达都城咸阳，当时的秦王子婴捧着传国玉玺(xǐ)出城投降，秦朝灭亡。

刘邦来到秦朝皇帝的宫殿，满目富丽堂皇，便想要好好享受一下。这时，他的谋臣张良、樊哙(kuài)对他说："大王，现在还不是享受的时候。百姓在秦朝的统治之下，已经受苦很久了，应当尽快制定政策，安定民心，才能成就霸业。"

刘邦听了此话，认为很有道理。便传令下去，将秦朝的宫殿和珍宝财物都封存保护起来，带领大军撤退到城外一个名叫霸上的小城。然后，他又召集了老百姓中比较有名望和地位的人，跟他们直接对话。

刘邦说：“父老乡亲们，我们受秦朝严苛的法律之苦已经很久了，说一句对朝廷不满的话就要被诛灭三族，聚众谈论就要被砍头。我曾经与各路起义军首领约定，谁先进入咸阳，谁就可以成为关中王，现在我先进入咸阳，自然应当称王。现在我要与你们约定三条法令。”

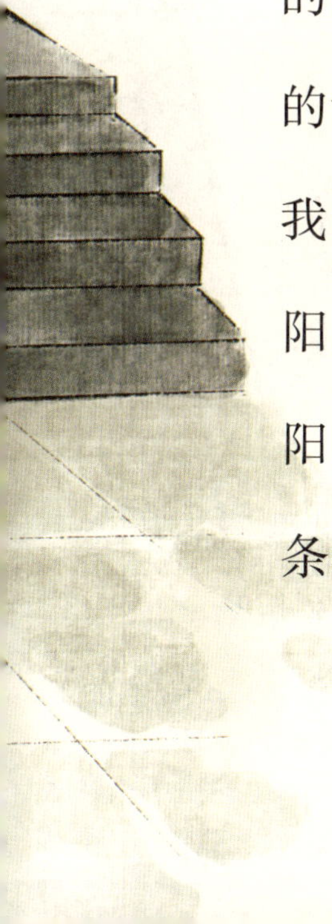

这三条法令就是：杀人者处死，伤人者抵罪，盗窃者也要被判刑！除此之外，秦朝那些名目繁多的法条律令全部废除！各级官吏都各自按原任职务坚守岗位，执行公务。

听了刘邦的话，大家纷纷议论道：“这个好啊，再也没有那些名目繁多的刑罚了，我们也不用担心一不小心就犯罪了。”

接着，刘邦又派出大批人员，到各地去宣传这三条法令，使其家喻户晓。老百姓们都十分高兴，纷纷送来牛羊酒食慰问刘邦的军队。

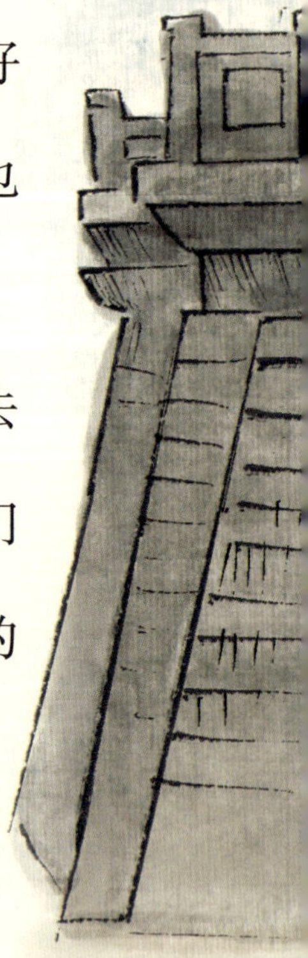

法令

刘邦一再推辞不肯收下，说：“仓库里粮食很多，战士们并没有挨饿，我不想再给父老乡亲们添麻烦。大家都能遵守法令、安居乐业，便是我最大的心愿了。”

在刘邦撤出咸阳后不久，项羽也到达了咸阳。与刘邦形成鲜明对比的是，项羽大开杀戒，杀掉了秦王子婴和众多王室贵族，一把火烧掉了壮丽的咸阳宫殿，抢夺了大量金银珠宝。

老百姓更加拥护刘邦。得民心者得天下，在垓(gāi)下之战中，刘邦率军一举击败项羽，赢得了天下。

公元前 202 年，刘邦称帝，定都长安，建立了延续两百多年的西汉王朝。

思考一下

小朋友，你有没有与人约法三章过呢？约法三章现在的意思就是与人约定几条简单的条款，然后一起遵守。先和爸爸妈妈一起试试吧。

学点古文

与父老约法三章耳：杀人者死，伤人及盗抵罪。余悉除去秦法。

——《史记·高祖本纪》

古文今译

现在，我和乡亲父老约定三条法令：杀人的判处死刑，伤害人及盗窃财物的要按情节轻重判罪。其余凡是秦朝的法律全部废除。

法制课堂

法律有什么用？

没有规矩，不成方圆。法律可以惩罚犯罪，维护公平正义，更是稳定社会秩序，维护国家统治的重要工具。

秦王朝过于繁杂严苛的法律是天下大乱、王朝覆灭的原因之一。约法三章是在特殊的战争时期为争取民心、重建社会秩序而采取的重要手段，表现出刘邦以法稳定天下的极高政治智慧。

但约法三章毕竟过于简略，汉王朝正式建立之后，在秦朝法律的基础之上，删繁就简，制定了《九章律》，法制得到进一步完善。

现在，我国已经形成具有中国特色的社会主义法律体系，现行有效的法律三百部左右，总体实现了有法可依。

刑法用刑罚惩罚犯罪行为，保卫国家安全，保障人权，维护社会和经济秩序。

民法典调整规范自然人、法人等平等民事主体之间的人身关系和财产关系，保障人民群众权益，让社会交往活动更加有序，社会更加和谐。

行政法约束行政机关的权力，监督行政机关依法行使职权。

……

奉法者强则国强！法律保护我们每一个人，也为实现中华民族伟大复兴提供有力的法治保障。

成语积累

指鹿为马 指着鹿，说是马。比喻有意颠倒黑白，混淆是非。

家喻户晓 每家每户都明白、都知道。喻：明白，了解；晓：知道。

怨声载道 怨恨的声音充满道路，形容强烈不满，到处都是怨恨的声音。

水深火热 像在越来越深的水中，像在越来越热的火里。比喻人民生活处境异常艰苦。

揭竿而起 高举反抗的旗帜，起来斗争。原指秦末陈胜、吴广发动农民起义。后泛指（人民）起义。揭：举起；竿：竹竿，代旗帜。

武

贰

缇萦救父

趣读故事

在西汉文帝时期，有一位名叫淳(chún)于意的人，是管理粮仓的官员，大家都叫他“仓公”。但是他热爱医学，业余时间，他便如饥似渴地阅读黄帝和神医扁鹊所著的医书。淳于意学有所成，开始给别人看病。

淳于意医德高尚、药到病除，渐渐成为远近闻名的“神医”。

有一次，一个富人犯了病，便派仆人来请淳于意前去治病，可当时淳于意正好出门给别人看病去了，仆人请了几次都扑了个空。富人以为淳于意摆架子，便让人把自己抬到粮仓直接来找淳于意，没想到，因为病情太重，竟当场死了。

这下，富人的家人可不干了，闹到官府，状告淳于意擅离职守、懈怠公务、草菅(jiān)人命。

在公堂上，淳于意辩解说自己是为了治病救人，才离开岗位。判案的官员虽然也很同情

他，但这个行为确实触犯了当时的法律，于是判决他有罪。这意味着他要被带去当时的首都长安，处以肉刑。

在汉朝，犯了罪的人将被实施非常残酷的刑罚，比如在脸上用黑色的墨汁刺上所犯的罪名、割掉鼻子、砍去双脚等，这些刑罚被称为肉刑。肉刑是用非常残忍的方式摧残罪犯的身体，给受刑者带来极大的身体和精神伤害。

这一天，淳于意要被押解去长安了，他的五个女儿都来送行，围着囚车泣不成声。淳于意看着几个眼泪汪汪的女儿，遗憾地说：“哭有什么用，是我自己命苦，没有儿子，现在遭了难，连个帮忙的人都没有。”

在古代社会，女性社会地位不高，女孩的活动范围常常局限于家庭和私人领域，难以到社会上参加公共事务或社会活动，因此淳于意才有这样的感叹。

tí yíng

淳于意最小的女儿、十五岁的缇萦最为勇敢聪慧，她听了这话，暗自悲伤又有些愤愤不平，下定决心营救父亲。她对父亲说：“父亲，女儿和您一起去长安，女儿一定会好好照顾您，会想办法救您的。”

淳于意听了这话，说道：“你一个小姑娘，能有什么办法救我，还是好好待在家里，照顾好你的母亲和姐姐们吧。”

缇萦坚持前往，并说服了负责押送淳于意的衙役（yá yì）。

一路上风餐露宿，缇萦无微不至地照顾父亲的生活起居。衙役们都知道淳于意治病救人的事，没有为难他。如今见到小缇萦这么孝顺，对她更是另眼相看。

到了长安，为了救父亲，缇萦四处寻求帮助，衙役们也都帮她打探消息。功夫不负有心人，有人告诉缇萦，汉文帝颁布了一道命令，说百姓如果有什么建议可以直接给皇帝上书。

缇萦鼓起勇气，给汉文帝写了一封信。信上说：

我的父亲做官，大家都说他清正廉洁，现在他犯了罪，应当接受刑罚。但对于犯罪的人，如果处死，就不可能再活过来了，如果处以肉刑，就终身残疾，再也不可能恢复正常了。就算他想要改过自新，也无路可走了。我愿意为奴为婢，为父亲赎罪，让他有机会改过自新。

汉文帝是一位很有作为且心怀仁爱的皇帝，他对母亲非常孝顺，对百姓疾苦感同身受。

看到信后，汉文帝十分同情这个小姑娘，觉得她言之有理，就召集大臣们说：“犯了罪该受罚，这没有什么可说的。可是受了罚，也该让他有重新做人的机会才是。现在惩罚一个犯人，在他脸上刺字或者使他的身体残废，这样的刑罚怎么能劝人为善呢？你们商量一个可以废除肉刑的办法吧！”

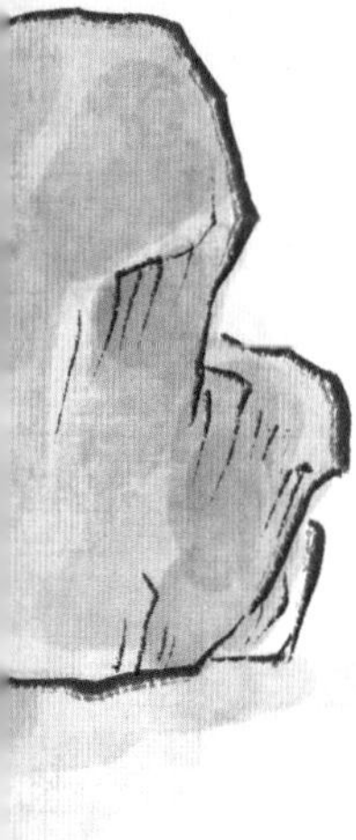

大臣们经过一段时间的商议，拟定了一个办法，把肉刑改成打板子。原来判砍脚的，改为打五百板子；原来判割鼻子的，改为打三百

板子。于是，汉文帝正式下令废除肉刑。肉刑的废除是中国法律史上的一件大事，是刑罚由野蛮向文明发展的一个标志性事件。

这下，淳于意就不用受肉刑了，虽然挨了一顿板子，但经过一段时间的医治，身体康复如初。他辞去了管理粮仓的工作，正式成为一名医生，被大家尊称为神医仓公。

勇敢聪慧的缇萦，不仅救了自己的父亲，还为天下人做了一件好事，使犯了罪的人有了改过自新、重新做人的机会。作为对皇帝仁爱之心的回报，百姓更加自觉遵纪守法，违法犯罪逐年减少。

东汉著名的历史学家班固还写了一首诗赞美缇萦，其中有两句“百男何愦（kuì）愦，不如一缇萦。”意思是，一百个平庸的男子，也不如一个小姑娘缇萦啊！

值得一提的是，经过一段时间的实践后，大家发现打三百、五百板子的刑罚还是很重。原本被判处砍掉双脚的刑罚，至少还能活命，但打了几百板子后反而没命了，本来想要用打板子来减轻刑罚反而成了加重刑罚，事与愿违。于是，汉文帝的儿子汉景帝进一步修改法律，减少了打板子的数量，同时规定了板子的长短、厚薄和打板子的部位，从而真正减轻了刑罚。

自夏、商、周、秦几千年延续下来的野蛮、不人道的肉刑：墨、劓(yì)、剕(fèi)、宫、大辟(pì)被废除，取而代之的是用竹条或板子打罪犯的身体（笞(chī)刑）、罚做苦役及死刑的汉代“新三刑”。到隋唐时期，正式形成了笞、杖、徒、流、死的新五刑体系。这种体系稳定下来，一直延续到清末。这种刑罚体系与世界同时期其他国家和地区相比，可以说是十分文明的了。

思考一下

小朋友，如果你是缇萦，还能想到别的办法去救父亲吗？

学点古文

“妾父为吏，齐中称其廉平，今坐法当刑。妾切痛死者不可复生而刑者不可复续，虽欲改过自新，其道莫由，终不可得。妾愿入身为官婢，以赎父刑罪，使得改行自新也。”书闻，上悲其意，此岁中亦除肉刑法。

——《史记·扁鹊仓公列传》

古文今译

“我父亲当官，齐国人称赞他廉洁公正，现在犯法被判处肉刑。我深切痛惜那些死去的人不可复生，而受刑致残的人不能复原，他们纵然想改过自新，也无路可走，终究得不到自新的机会。我愿意进入官府充当奴婢，以此赎父亲的罪，好让我父亲有个改过自新的机会。”这封信奏报上去，汉文帝十分感动，在这一年废除了肉刑。

法制课堂

什么是刑罚？

刑罚是审判机关依据刑事法律对罪犯所施行的法律制裁。

传说，刑罚最初由蚩(chī)尤创设，到夏商周时期，形成了墨、劓(yì)、剕(fèi)、宫、大辟五种刑罚。大辟指死刑，其他四种都是直接对人的身体施加伤害，十分野蛮残忍。

在现代，刑罚主要是为了预防犯罪，早已废除了不人道的身体刑。根据《中华人民共和国刑法》的规定，我国的刑罚分为主刑与附加刑两大类。主刑包括管制、拘役、有期徒刑、无期徒刑和死刑。附加刑包括罚金、剥夺政治权利与没收财产。另外还有适用于犯罪的外国人的驱逐出境，这是一种特殊刑罚，可以独立适用，也可以附加适用。

其中，主刑除死刑外，都是自由刑，即剥夺或限制罪犯人身自由的刑罚。死刑只适用于罪行极其严重的犯罪分子。

成语积累

改过自新 改正过失或错误，重新做人。自新：重新做人。

草菅人命 把人命看作野草一样。指当权者轻视人命，任意杀戮。菅：一种多年生的野草。

愤愤不平 非常气愤，心中不服。愤愤：很生气的样子。

风餐露宿 形容旅途或野外生活的艰苦。风餐：在风里吃饭；露宿：在露天下睡觉。

另眼相看 用另一种眼光看待。即对人用不同于一般的眼光看待。指特别重视或看重。

叁

叁

秉公执法

张释之为廷尉
天下无冤民

趣读故事

小朋友，你了解法官这个职业吗？他们通常身着庄严的法袍(páo)，坐在高高的审判台上，手中法槌(chuí)敲响，便可断清是非黑白。

他们是法律的执行者，是正义的守护者。主持公道、伸张正义、抑浊扬清是他们神圣的职责；公正无私、清正廉明、忠于职守，是他们谨守的职业道德。

今天这个故事的主人公就是一位古代的法官，千百年来，他被认为是秉公执法的典范，来看看他是怎么做的吧。

西汉文帝的时候，有一位官员名叫张释之。他最初担任的官职叫公车令，负责看守皇宫大门——司马门。这可不是一个普通的大门，每天进出的都是达官贵人，所以，当这个守门官也不是那么容易的。

有一天，太子（就是后来的汉景帝）和他的兄弟梁王同乘一辆马车风驰电掣(chè)地驶来，丝毫没有停车的迹象。而当时的规定是，任何人经过司马门都是要下车步行的。

如果换作其他人，可能就睁一只眼闭一只眼，让他们过去了。毕竟，太子和梁王是皇帝最喜爱的两个儿子，得罪了他们，可没有什么好果子吃。

张释之却没想那么多，挺身而出将马车拦下，要求太子和梁王下车。两位皇子年少气盛，哪肯对一个小小的守门官低头，便命令马夫硬闯。

张释之往马车前一站，双臂一伸，说道：“要想过，就踩着臣的尸身过去。”

在皇宫门口闹出人命，即便是太子也是不敢的，但此时下车，又觉得没面子，双方僵持了好久。司马门就是一个窄窄的城门，马车一挡，后面的人就都被挡住了。渐渐地，门口挤了许多人，大家围了过来，都想看看到底会怎么收场，真是看热闹不嫌事大。

张释之见此状况，马上命人进宫，禀告皇帝，弹劾(hé)太子和梁王不守规矩、不敬君王。

太子和梁王也立马派人赶到后宫，找到皇太后，也就是他俩的奶奶薄太后求助。太后心疼两个孙子，要求汉文帝惩罚张释之，马上让孙子们进宫。

汉文帝是一位很讲规矩的贤明君主，他安抚了太后一番，表示这件事确实是皇子们有错，都是自己教导不严之过。张释之严格遵守规定，并无过错，不能加以惩罚。

最后，皇帝命令太子和梁王下车步行，进宫后，令二人面壁思过。张释之因秉公执法，后来被升任为主管司法工作的廷尉。

张释之做廷尉时间不久，遇到了一起和皇帝有关的案件。

有一天，汉文帝外出打猎回来的路上，经过一座桥，一名男子突然从桥下跑了出来，惊到皇帝骑的马，皇帝差点儿从马上摔下来。汉文帝大怒，命人把男子抓起来，要求张释之严惩该男子。

张释之开庭审理这起案件。男子辩解说，他不是故意要冲撞皇帝。当天他的妻子让他出门买东西，刚走到桥头，远远看到皇帝的车队过来了，当时的老百姓见到皇帝是要回避的，他吓得不知道怎么办，只好躲到桥底下。在桥底下待了许久，想着皇帝已经走远了，才敢出来，没想到正好惊了皇帝的马。

张释之派去现场调查的衙役也表示，男子所说的都是实话。

于是，张释之禀报皇帝，说该男子并非故意犯罪，只是过失行为。依据法律规定，罚金（铜）四两即可。

汉文帝火冒三丈，拍着桌子说：“他惊吓的可是朕的马，差点儿就把朕摔死了，判得也太轻了！”

面对皇帝的怒火，张释之一点儿都不害怕，说道：“我是执法的廷尉，是为天下主持公道的。这人的确违反了皇帝出行时的清道禁令，冲撞了您，但他并非故意，判案应严格依照法律的规定。国家制定了法律，那么不管是天子还是百姓，都要遵守。我是廷尉，最应该守法，依法判案。如果因为惊吓的是天子，就要加重处罚，那法律还怎么让民众信任呢？百姓不信任法律了，社会就要乱了。”

汉文帝沉默了，想了很久才说：“廷尉说得对。”

又有一次，有人跑到汉高祖刘邦的庙（放置祖先牌位，供后代祭祀(jì sì)的地方）偷走了一对玉环，被当场抓住。

古人最讲孝道，汉文帝一向以孝治国，听到有人竟然敢到自己祖宗的牌位前偷东西，气得头顶冒烟，命令张释之要从严惩处。

张释之经过审理，以盗皇室宗庙御物罪，判处此人死刑。

汉文帝不满意这个判决，认为应该株连九族，就是把他家族中所有亲人通通处死，这是古代最严酷的一种刑罚。

张释之说：“根据法律规定，这个罪行最高只能判死刑，如果盗窃了皇家宗庙的东西就要诛灭九族，那如果以后有人跑到皇陵去挖土，又该怎么处罚呢？按理说，挖皇陵的土可比偷宗庙的玉严重多了。”

皇帝和太后商议了很久，最终认同了这一判决。

张释之秉公执法、不畏权贵的名声就这样传开了。汉朝的历史学家班固在《汉书》中写道：“张释之为廷尉，天下无冤民。”就是说张释之当廷尉的时候啊，天下没有被冤枉的百姓。

张释之的名声好到什么程度呢？当时有一位德高望重的隐士，名叫王生，皇帝曾召他入朝问政。

王生来到朝堂之上，皇帝和大臣们都在。

这时，他指着张释之说："老夫的鞋带松了，年纪大了弯不下腰，请张廷尉帮我系上吧。"张释之马上上前，跪下帮他系好了鞋带。

事后，有人问王生，为什么要当众羞辱张释之。

王生说："我年纪大了，地位也不高，帮不上张廷尉什么忙，我这样做，正是为了增强他尊老敬老的好名声啊。"

大家听了这话，更加敬重张廷尉了。

张释之作为严格执法的典范，在后世也受到许多皇帝和官员的推崇，司马迁对他赞誉有加；明太祖朱元璋说他执法公正、从无冤案；清圣祖康熙则说汉朝所有的大臣都不如他。

小朋友，你觉得，张释之实至名归吗？

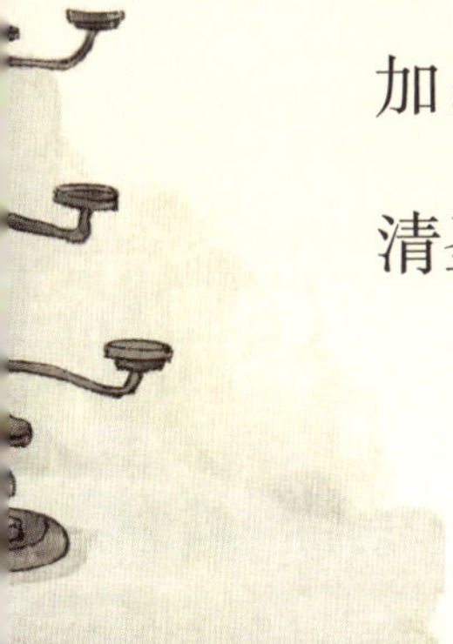

思考一下

小朋友，你心目中的法官是什么样子？试着写一写、画一画吧。

学点古文

释之曰："法者天子所与天下公共也……廷尉，天下之平也，一倾而天下用法皆为轻重，民安所措其手足？"

——《史记·张释之冯唐列传》

古文今译

张释之说："法令是让天子和天下人共同遵守的。廷尉，是为天下人公平执法的人，一旦倾斜，那整个天下的执法就可以任意轻重，人民如何依照法律行事呢？"

法制课堂

什么是法官？

人民法院是国家审判机关，法官是依法行使国家审判权的审判人员。

在皇权至上的古代社会，张释之以其所倡导的“法者天子所与天下公共也”的观点，为天下树立了“法不阿贵”“刑无等级”公平公正的标准法官形象。

现在，根据《中华人民共和国法官法》的规定，法官必须忠实执行宪法和法律，维护社会公平正义，全心全意为人民服务。法官应当公正对待当事人和其他诉讼参与人，对一切个人和组织在适用法律上一律平等。法官应当勤勉尽责，清正廉明，恪守职业道德。法官审判案件，应当以事实为根据、以法律为准绳，秉持客观公正的立场。

成语积累

风驰电掣 像风奔驰，像电闪过。形容速度非常快。驰：奔跑；掣：一闪而过。

达官贵人 旧指地位高的官吏和尊贵显赫的人物。

公正无私 公平正直，没有偏私。私：私心。

火冒三丈 形容十分生气愤怒。火：怒火；冒：往上升。

德高望重 品德高尚，声望很高。望：声望。

肆

张汤讯鼠

趣读故事

汉朝的时候，有个小孩名叫张汤，是长安县官的儿子。小张汤聪明机敏，很受父亲宠爱。当父亲在公堂上审理各种案件时，小张汤经常躲在一边听，像听故事一样听得津(jīn)津有味。

这般耳濡(rú)目染，久而久之，小张汤也学会了不少审案子的门道，他经常和小伙伴们玩审案的游戏，自己戴上高帽扮成县官，煞(shà)有介事地处理小伙伴之间的纠纷。

有一天，张汤的父亲接到紧急公务，需要外出工作。可当天正是一家人祭祀祖先的日子。在中国传统文化中，祭祀祖先是非常重要的文化活动，通常在特定的时节，通过献上供品、焚香、叩拜等仪式，表达对祖先的纪念和崇敬。

家中已经准备好了各种祭祀用品，包括煮好的熟肉，全都摆放在祠堂。父亲出发前，还特意叮嘱小张汤，好好看着这些祭祀用品，不能偷吃，否则就是对祖先不敬。

要知道，在那个年代，百姓的生活都很艰难。即便是张汤父亲这样的小官员家里，肉也是不太常见的，只有在祭祀的重要日子，祭拜完祖宗之后，一家人才能大快朵颐(yí)。因此，小张汤看着肉，虽然馋得直流口水，但也不敢乱动。

可张汤毕竟还小，一个人守在祠堂里，百无聊赖，坐着坐着便犯起困来，没一会儿就倒在桌子下面睡着了。

“张汤！！！逆子！！！”

一阵炸雷般的声音将张汤从美梦中吓醒，一睁眼，只见父亲吹胡子瞪眼，像一堵大山一样站在他面前。

“父……父亲，怎……怎么了？”张汤睡眼惺忪(xīng sōng)，吓得都结巴了。

“看你干的好事！”父亲怒不可遏（è），拎着张汤的耳朵，一把将他从地上抓了起来。

“疼、疼、疼……”张汤疼得大叫，等看到供桌上的情景，他吓得立马闭上了嘴。

供桌上那块肥肥白白、方方正正的大肉，竟然不见了踪影。

“父亲，我不知道……”

话还没说完，呼的一声，父亲的棍子已经挥了过来，重重地打在张汤身上。

“逆子，还敢狡辩？祖宗的祭肉都敢偷吃，看我今天不打死你！”

张汤虽然心里大叫冤枉，却不敢闪躲，结

结实实地挨了几棍子，直到母亲闻讯赶来才救了他。

回到房间，张汤憋着一口气，寻思一定要向父亲证明自己的清白。

他首先排除了盗贼，因为这是在自己家的祠堂，虽然自己睡着了，但外面还有奴仆。而且，盗窃祭品是大罪，一般小偷是不敢的。

那可疑的，就只有老鼠了。

想到这里，张汤忍着身上的疼痛，偷偷来到祠堂，四处翻找起来。

果然，在祠堂的墙角，发现了一个老鼠洞。他马上找来奴仆，在老鼠洞门口点起柴火，把浓烟灌(guàn)进洞中，又布置好笼子。很快，一只肥硕的老鼠从里面狼狈地逃了出来，慌不择路地钻进了笼子。

张汤抓住了老鼠，又找来工具把老鼠洞挖开，竟然发现了一小块老鼠还没吃完的肉。

张汤并不急着向父亲汇报，而是郑重其事地准备审案。他命令奴仆将老鼠和肉都提上来，当众审问。

在审讯开始前，张汤首先向老鼠交代了一番法律规定，告知老鼠如果不如实交代会有什么后果。

然后，张汤开始讯问老鼠。根据汉朝的审判程序，如果嫌疑犯认罪，讯问就可以结束了；如果嫌疑犯拒绝认罪或者法官认为嫌疑犯在撒谎，就可以进行刑讯，也就是通过拷打犯人来取得口供。

老鼠自然不可能开口认罪。于是张汤拿来

一根小棍子，亲自动手，把老鼠结结实实地打了一顿。

老鼠虽“拒不认罪”，张汤还是有办法。他叫来家中的厨子，经过辨认，证明这块肉确实是丢失的祭品。

经过一番审讯，案情真相大白，张汤对老鼠的犯罪过程做了一个简要的总结，然后亲笔写下了审理过程和判决文书，以盗窃祭品罪判处老鼠死刑。

做完这一切，张汤才把老鼠、肉、判决文书一起恭恭敬敬地摆到父亲面前。

父亲听完汇报，看完文书，大吃一惊。审

讯过程行云流水，判词工整严谨，不像是孩子所为，倒像是老法官的做派。

父亲郑重地向张汤道歉，表示确实冤枉了他。

在父亲面前洗刷了冤屈的张汤，终于可以扬眉吐气，亲手斩杀老鼠，执行了自己的判决。

张汤讯鼠的故事流传开来，大家都觉得这孩子真是天生的法官。

张汤的父亲也对儿子刮目相看，认为他确实有审案的天赋，便亲自教他汉朝的法律和断案的规则。

张汤长大以后，在汉武帝时期历任廷尉、御史大夫，专门负责法律方面的工作。

有意思的是，在两千多年后的2002年，地处西安的西北政法大学在修建新校区时，挖出了一座汉代古墓。

墓中出土了两枚小巧精致的印章，一枚上面刻着“张汤臣汤”；另一枚刻着“张君信印”，两枚印章足以证明墓主正是张汤。

对西北政法大学的学子们来说，张汤绝对是他们的祖师爷。据说，很多学子在每年的司法考试之前，都会特意来到张汤墓前，拜拜祖师爷。学校里现在还流传着一句话，“拜汤哥，不挂科”。估计张汤也想不到，两千多年后，自己还能发挥这么重要的作用。

張湯墓發掘紀念碑

思考一下

小朋友，请你约上小伙伴，也当一次小法官，玩一次判案的游戏吧。

学点古文

汤掘熏得鼠及余肉，劾(hé)鼠掠治，传爰(yuán)书，讯鞫(jū)论报，并取鼠与肉，具狱磔(zhé)堂下。

——《汉书 · 张汤传》

古文今译

张汤挖开鼠洞，用烟将盗肉的老鼠熏出抓住并取出剩余的肉，控告并责打老鼠，将它的罪名一一罗列在文簿上，审问判决定罪，然后提来老鼠和肉，完成办案手续，将老鼠分尸于堂下。

法制课堂

刑事诉讼的程序

张汤讯鼠虽然看上去只是小孩子的游戏，其流程却完整再现了汉代刑事诉讼的程序。

诉讼的提起被称为“告”或“劾”。“告”类似于现在的自诉，即被害人或被害人亲属直接向官府提起诉讼。“劾”类似于现在的公诉，即各级官府发现犯罪问题而提起诉讼。

诉讼过程中，官府对被告人进行审讯，如果被告人不能坦白所犯的罪行，可以进行“掠治”，即拷打讯问。除了口供，还需要收集书证、物证及证人证言等。

讯问结束后，官府将审讯情况记录为“爰书”，根据案情制作判词文书为“鞫”。然后向被告人宣读，即“读鞫”。

判决后，对于有疑问的案件，还有上报程序，即“奏谳（zòu yàn）”。这一制度是为了慎重刑罚，防止冤案。

现在，我国《刑事诉讼法》规定了详细的刑事诉讼流程。刑事案件的侦查、拘留、执行逮捕、预审，由公安机关负责。检察、批准逮捕、检察机关直接受理的案件的侦查、提起公诉，由人民检察院负责。审判由人民法院负责。

被告人拥有辩护权、上诉权，人民法院审判案件，实行两审终审制。

严禁刑讯逼供和以威胁、引诱、欺骗以及其他非法方法收集证据，不得强迫任何人证实自己有罪，这是司法文明的进步。

成语积累

津津有味 形容趣味很浓或很有滋味。津津：兴趣浓厚的样子。

耳濡目染 耳朵经常听到，眼睛经常看到，不知不觉受到影响。濡：沾湿；染：浸渍。

刮目相看 改变老眼光，用新眼光看人。刮目：擦亮眼睛。

怒不可遏 愤怒得无法抑制。遏：止。

行云流水 像飘动着的云和流动着的水。比喻洒脱自然，毫无拘束。

伍

伍

春秋决狱

春秋序
春秋者魯史記之名也記事者以事繫日以
日繫月以月繫
同異也
有四時
官掌邦國四方
有國史大事書之
曰楚謂之檮杌晉謂之乘而魯謂之春秋其

趣读故事

今天要讲的是发生在汉武帝时期的三个真实案件，都是“父子讼”，也就是父子之间的纠纷。

第一个案件是这样的：

王生的父亲王万和邻居胡大吵架，两人越吵越厉害，打了起来。胡大打不过，便跑回家拿了一把刀朝王万砍去，王万手无寸铁，只好左躲右闪，形势十分不利。

王生见了，赶紧回家抄了根棍子就去打胡大，可那二人正在缠斗之中，王生一棍子下去，没打到胡大，反而打到自己父亲头上，直接把王万给打晕过去了。

小朋友，你们觉得王生有罪吗？

第二个案件是这样的：

赵三没有孩子，有一天，他在路边捡到了一个被人遗弃的男孩，高兴极了，便把这个男孩抱回家，当作自己的儿子抚养，取名叫作赵武。

赵武长大了，人如其名，生得身强体壮，孔武有力。然而他品行不佳，喜欢打架斗殴。有一次，赵武与人打架，竟把人给打死了，这下可把他吓坏了，屁滚尿流地跑回家。

赵三见了，自然要问他发生了什么事。赵武如实说了，赵三也吓坏了，本来应该马上把赵武绑起来送到官府去治罪的，可赵三就这么一个儿子，虽不是亲生的，但也辛辛苦苦养了他十几年，还指望他养老送终，而杀了人是要判死刑的，赵三舍不得，一时心软，就把赵武给藏了起来。

小朋友，你们觉得赵三有罪吗？

第三个案件是这样的：

钱六是个又穷又懒又爱喝酒的男人，妻子给他生了个儿子，却没钱养活，就把儿子送给了同村的吕四。吕四很疼爱这个孩子，给他取名吕成，将他抚养长大。

十几年后，吕成已经长成了气宇轩昂的少年。钱六因为喝酒总是误事，家中一贫如洗，妻子早已离他而去，孤身一人好不凄惨。见到吕四一家和和美美，心里嫉妒极了，便想把儿子要回来。

一天，钱六又喝了酒，酒壮怂(sǒng)人胆，便找到吕成，对他说：“你是我的亲生儿子，现在长大了，该回家来孝顺我。”吕成哪里会相信一个醉汉的胡话，见他纠缠不已，拿起棍子就把他结结实实打了一顿。

钱六挨了亲生儿子的打，怒不可遏，便跑到官府状告吕成。

小朋友，你们觉得吕成有罪吗？

如果严格按照当时的法律规定，王生、赵三、吕成都是有罪的。但他们遇到了一个人：董仲舒。

董仲舒是西汉时期的思想家、政治家、教育家。他从小就热爱学习，读起书来废寝忘食，这让他的父亲既高兴又担心，高兴的是这孩子将来也许有大出息，担心的是怕他把身体搞垮了。

于是，董仲舒的父亲决定在家建造一座小花园，让儿子读书之余能够逛一逛、看一看，放松身心。可是花园建成三年了，董仲舒连看一眼的兴趣都没有，一心扑在读书上。

有志者，事竟成。董仲舒长大以后果然成为了著名的学者，他提出“罢黜(chù)百家，独尊儒

术”的观点，得到汉武帝赏识，使得春秋战国以来百家争鸣的格局为之一变，此后两千多年，儒学成为中国官方统治思想。

在第一个案件中，根据汉朝法律规定，儿子殴打父亲是严重的不孝罪，应当判处死刑。

董仲舒不以为然，他先讲了儒家经典《春秋》中的一个故事：有一个叫许止的人，父亲生病了，他尽心尽力地照顾，给父亲找来各种草药，想让父亲快点好起来。没想到其中一种草药是有毒的，竟然把父亲给毒死了。孔子认为许止并不是要杀害自己的父亲，只是没有为父亲先尝药，没尽到儿子的责任而已。

因此，董仲舒认为：“王生的本意是要救父亲，误伤了父亲，不应该被判有罪。”

在第二个案件中，把罪犯藏起来当然是有罪的。但董仲舒也讲了一段孔子的话：“父为子隐，子为父隐，直在其中矣”。

这句话的意思是说父子相互为对方隐藏过错，这才是正直的行为。因为儒家注重礼教伦理，认为亲人之间互相包庇的行为是可以超越法律而得到理解的。这种理念体现在法律中，就有了“亲亲相隐”的原则，也就是说自己的亲人如果犯了罪，把他藏起来的行为是不违法的。

但有人就提出：“赵三并不是赵武的亲生父亲，不能适用亲亲相隐不为罪的条款。”

董仲舒说：“赵三和赵武虽不是亲生父子，可赵三抚养赵武多年，不是亲生胜似亲生，应该按照‘亲亲相隐’的原则，判赵三无罪。”

对于第三个案件，董仲舒认为，孔子曾说过，“君君臣臣父父子子”。父子之间理想的关系是父慈子孝，如果父亲没有尽到养育的责任，那么就不能要求孩子孝顺。

于是，董仲舒说：“钱六虽然是吕成的生父，却一天都没有抚养过他，反而把他送给了吕四，父子关系已经断绝。所以，尽管长大后的吕成殴打了钱六，也不能算是殴打生父，只能按普通刑事犯罪来定罪。”

从对这三个案件的处理可以看出，董仲舒判案并不严格依照法律，而是引经据典，从儒家经典书籍，主要是从《春秋》中寻找依据。因此，这种断案方法又被称为“春秋决狱”。

其实，孔子自己就判过一个在中国法制史上很有名的“父子讼”。

孔子在鲁国当大司寇（负责司法工作的官员）的时候，一对父子来打官司，两人吵得面红耳赤，要求分家并断绝关系。

了解事情的来龙去脉之后，孔子下令：“把他俩关在一间牢房里，等候判决。”

这一关，就关了三个月。下属以为孔子把

这件事忘了，好意提醒，孔子只是笑而不语。

其实啊，孔子一直让人偷偷观察牢房里的父子呢。

头几天，父子俩背对着背，各自远远地蹲在牢房的角落里，完全不交流。过了几天，两人偶尔说话，但依然语气不善。

又过了一段时间，两人坐到了一起，晚上也盖着同一条被子。吃饭的时候，儿子还把碗里不多的菜夹给父亲。

这时，孔子让人把他们带出来，问他们是否还要求立刻分家并断绝关系。

父子俩都连连摇头。父亲道：“大司寇，这官司我们不打了，是我没有教育好孩子，今后我们一定好好相处。”儿子也说：“都是我的错，没有好好听从父亲的教诲，今后一定加倍孝敬父亲。”

孔子笑了，将两人释放，父子俩和好如初。

鲁国的国君听说了这件事，很不满地对孔子说：“你不是一向让我推崇孝道吗？这儿子这么不孝，应该杀了他，以后大家就不敢不孝了。”

孔子说：“孝道是要通过教育感化去提倡的，不能用刑法去强力推行。部队打了败仗，难道要把士兵们全杀了吗？老百姓不懂得孝道，说明我们没有教好，杀人能解决什么问题呢？”

父子亲情血浓于水，他们之间的纠纷只是家庭琐事，一时被愤怒冲昏了头脑，只需要给双方一点时间和空间冷静下来反思，就能够重归于好。这种自然修复的过程，比起残酷的刑罚，更能让人体会到亲情的重要和孝道的意义。倘若真的因此杀了儿子，父亲恐怕要悔恨终生。

小朋友，你觉得孔子做得对吗？

思考一下

小朋友，请你当一次小法官，试着断一下故事中的四个案子吧。

学点古文

昔者君子导其百姓不使迷，是以威厉而不试，刑错而不用也。

——《说苑·政理》

古文今译

从前君主引导他的百姓而不让他们迷失方向，虽然有威严却不轻易发威，虽有刑罚却往往放置不用。

法制课堂

法治和德治

法律和道德都是人们在社会中应当遵守的行为规范，法律是成文的道德，道德是内心的法律。

孟子曰："徒善不足以为政，徒法不足以自行。"意思是只有善良的品德，并不能够治理好国家；只有法令，法令也不能自己发挥作用。

在中国历史上，法治和德治，一直是治国理政的两种根本手段。法律注重规范，道德注重教化，二者如同车之两轮、鸟之双翼。

董仲舒以儒家思想为基础，构建了德主刑辅的国家治理方案，甚至还精确地提出了运用道德和运用刑罚的比例为 100∶1。

现在，我国坚持依法治国和以德治国相结合，坚持一手抓法治、一手抓德治，既重视发挥法律的规范作用，又重视发挥道德的教化作用，法律与道德相辅相成，法治和德治相得益彰。

成语积累

废寝忘食 顾不上睡觉，忘记吃饭。形容专心致志地干某一件事情，连吃饭、睡觉都顾不上了。寝：睡觉；食：吃饭。

引经据典 引用经典著作作为依据。引：援引、引用；据：依据。

面红耳赤 脸和耳朵都红了。形容因羞愧、激动、焦急、发热而脸色涨红的样子。

气宇轩昂 形容人精神饱满，气概不凡。气宇：气度、气概；轩昂：精神饱满、不平凡的样子。

一贫如洗 穷得像被水冲洗过一样。形容十分贫穷，什么都没有。

陆

陆

居延汉简

趣读故事

我国内蒙古自治区的额济纳旗胡杨林是全球三大胡杨林之一。每到秋天，在阳光的照耀下，胡杨林金黄一片，灿烂夺目。生而千年不死、死而千年不倒、倒而千年不朽，正是这种沙漠古树的生命写照。

生命的繁茂离不开水源的润泽，即便是生长在沙漠之中。在这里，有一片湖泊，叫居延海。历史上，居延海水量充足，鱼类资源丰富，湖畔有肥沃的土地，丰美的水草。早在汉代，这里就设立了居延县，百姓们在这里辛勤劳作，用自己的双手开创着美好的生活。

胡杨林静静矗(chù)立着，两千多年后的 1974 年，在额济纳旗的居延烽燧(suì)遗址，挖出了许多汉代的书简。经过考古学家的仔细研究，发现其中有 36 枚书简是一篇完整的汉代判决书，这就是《候粟(sù)君所责寇(kòu)恩事》。

今天就来讲一讲这份判决书背后的故事，这是一起发生在东汉时期的真实案件。先来介绍一下主要人物。

法官 居延县官

工作人员 宫（他的名字）为官府做事的小职员，当时称为啬（sè）夫

原告 粟君 居延县甲渠候官，当时的地方武官

被告 寇恩 从外地来居延县打工的六十六岁老人 主要工作是拉牛车帮人运货

证人 华商、周育 粟君的下属

业 粟君的妻子

寇钦 寇恩的儿子

这一天，粟君来到居延县县衙，要状告寇恩欠债不还。

有案子！而且还是官员来状告！居延县官十分重视，马上启动了司法程序。

根据东汉法律的规定，原告、被告、证人在接受问讯之前，都要向办案人员保证自己所说的一切都是事实，记录下来的证词要贴在官府外面公示三天，三天后不能再更改；若发现撒谎，就要接受惩罚。

粟君当场作了保证，然后说出自己来状告的原委：

“大人，我雇了寇恩替我卖鱼，给了他稻

谷和一头黄牛作为工钱，还借给他一头黑牛用来拉车，5000 条鱼本该卖出 40 万钱，可寇恩回来以后只给了我 32 万钱，还把黄牛当作黑牛还给我，黑牛可比黄牛足足贵 20 石（dàn）（古代度量单位，一石大约相当于 30 公斤，每 1 石谷子约值 4000 钱）谷子呢，请求大人做主，让寇恩把黑牛和剩下的 8 万钱都还给我。”

“竟有此事？”县官立刻命令宫，找到寇恩了解情况，并写下完整笔录。

宫马上出发，找到了寇恩，告知了他粟君告他欠债不还的情况，要求寇恩作出说明。

寇恩大吃一惊，扑通一声跪倒在地，连声喊道：“大人，我冤枉啊！”

宫将寇恩扶了起来，对他说：“你不要怕，只管将事情一五一十地说出来，不可撒谎，大人自然会明断是非。”

寇恩哆哆嗦嗦地站起来，先指天发誓，若所说有一句假话，愿受一切惩罚。然后，他向宫陈述了事情的来龙去脉。

按照寇恩的说法，事情是这样的：

粟君除了担任甲渠候官，还做着捕鱼的买卖。这年冬天，他从居延海里总共捕到了5000条鱼，需要从居延县拉到几百里外的地方去卖，这卖鱼的事情本来应该是粟君的两个下属华商和周育负责的，但这两个人都临时有事去不了，因为没有尽到自己的职责，便要作出补偿，华商和周育分别拿出了一头黄牛和一头黑牛，还有一些稻谷给粟君。

鱼并不能存放太久，粟君为此心急如焚(fén)。这时，他雇请的渔夫寇钦，向他推荐了自己的父亲寇恩。粟君于是请寇恩来帮他卖鱼，把华商给他的一头黄牛和一些稻谷付给寇恩作为工钱。

粟君是一个非常精明的商人，他要求寇恩卖这 5000 条鱼的价格要达到 40 万钱，如果达不到，不足的部分寇恩要负责补偿。

寇恩大概算了算，按照往年的价格，5000 条鱼应该可以卖出 40 万钱，便答应了。

临走之前，粟君又找到寇恩："上次给你的那头黄牛有点瘦，我这还有一头黑牛，膘(biāo)肥体壮，拉车有力气，和黄牛换一下吧，两头牛的价钱都是一样的。"

寇恩比较了两头牛，觉得黑牛确实更壮，便同意交换，把黄牛还给了粟君。

忙碌了好几天，都收拾妥当之后，寇恩就出发了。因为鱼的数量不少，粟君又提供了一辆车，让妻子业跟着寇恩一起走。

这一走就是几百公里，顶风冒雪，一路风餐露宿，终于将鱼卖完了。

然而，由于市场行情变化，这5000条鱼并没有卖到之前约定的40万钱。寇恩没有办法，只能把黑牛也卖了，加起来只有32万钱，还差8万钱。

事已至此，寇恩也没有其他办法，天气越来越冷，只能抓紧时间回家。

在回家的路上，按照业的要求，寇恩将32

万钱和自己车上价值1.56万钱的物品都交给她，途中又买了十斤肉和两石大麦，约值1万钱，都放在业的车上。

回到居延，寇恩将业和东西送回粟君家，求饶道：“大人，今年行情实在不好，没卖够价钱，黑牛也卖了，求大人看在我辛苦走这一路的份上，宽容一二。”

粟君大怒，说道：“说了40万钱就是40万钱，一分钱都不能少，快回去拿钱来。”

说完，便不由分说，将寇恩赶了出去。

寇恩苦苦哀求：“大人，我的东西还在您家车上，请让我带走吧。”

粟君大怒道："做梦！欠债不还，这些东西就先抵押在我这了。"

寇恩又气又怕，只好先回了自己家。没想到，几天后，宫就找上门了。

听宫说了粟君的指控，寇恩气得顿足捶胸，号啕(táo)大哭道："大人，我为了卖鱼，没日没夜赶了一个多月的路，今年行情不好，并不是我的错啊！我虽然欠他 8 万钱，但被扣押在他家的东西和我给他妻子买的肉与大麦也值 2 万多钱。我儿子为他捕鱼三个月零十天，工钱有 8 万多钱还欠着没给。还有这一路的吃喝，替他妻子赶车回来都没算钱，我哪里还欠

他钱啊！至于那头牛，本来就是算给我的工钱，并不是借的，又怎能叫我还呢？”

宫听了寇恩的哭诉，一字一句地认真做了记录，回报县官。

县官见双方各执一词，便让宫找到华商、周育、寇钦和业，全面了解情况。

宫带着纸笔，走访了一圈，记录下所有证人的话。

根据宫带回来的笔录，县官作出判断：寇恩虽欠粟君 8 万钱，但他儿子寇钦的工钱、被扣押的物品和给粟君妻子业买的食物已经超过这个数目，寇恩无须还钱，反而粟君需要返还差额。至于黑牛，确认是粟君所付的工钱，无须返还。粟君作为官员，做事不当，应当受罚。

判决下发之后，粟君不服，又向居延县的上级单位居延都尉府提出诉讼。都尉经过仔细核查，认为县官裁判正确，粟君作为官员，行事不公，应受到处罚。

这起诉讼尘埃落定，判决书和笔录也被好好地保存了起来，直到两千多年后出现在我们面前。

思考一下

小朋友，拿出你的纸和笔，算一下寇恩和粟君之间的这笔账吧，粟君最后大概应该还给寇恩多少钱呢？

学点古文

粟君谓恩曰：黄牛微瘦，所得育牛黑、特，虽小，肥，贾直俱等耳，择可用者持行。恩即取黑牛去，留黄牛。

——《居延新简释校》

古文今译

粟君对寇恩说：“黄牛有点瘦，周育给我的黑牛虽然小，但比较肥壮，两头牛价值都是一样的，你挑一头好用的去吧。”寇恩就牵走了黑牛，留下了黄牛。

法制课堂

用法律保护合法权益

这个故事讲的是一起官员和百姓之间因债务纠纷引发的民事官司，从中可以看出早在东汉时代，司法体系已经相当完善，用法律手段解决纠纷，保护自身合法权益的观念普遍存在。

官员并没有利用权力直接动用私刑，而选择到县衙提起诉讼主张权利；县官并未武断判案，而是移交工作人员仔细调查取证；百姓也有平等充分的诉讼权利可以据理力争；任何一方对县官作出的判决不服还可以提起上诉。

现在，人们在遇到民事纠纷时，可以依据《中华人民共和国民法典》《中华人民共和国民事诉讼法》向法院提起民事诉讼，法院依法查明事实，分清是非，正确适用法律，保护当事人的合法权益。

成语积累

一五一十 指计数。形容从头至尾，原原本本，叙述没有一点遗漏。

来龙去脉 原是旧时讲究风水迷信的人对山脉的走势和趋向的一种术语，他们把山形地势说成像龙的血脉那样连贯着。后也比喻人的来历或事物前后关联的线索。

心急如焚 心里急得像火烧一样。形容极其焦灼的心情。焚：烧。

顿足捶胸 也作捶胸顿足，用拳头捶打胸膛，用脚跺地。形容非常懊悔或悲痛的样子。

不由分说 不容许分辩。不由：不听从、不容许；分说：辩白。

◎约法三章

◎缇萦救父

◎秉公执法

◎张汤讯鼠

◎春秋决狱

◎居延汉简